Mon année de lecture en CE1

Conception et scénarios de Sophie Nanteuil
Textes d'Ingrid Chabbert, Anne Loyer, Christelle Chatel, Nadine Brun-Cosme
Illustrations de Marie Spénale
Relecture pédagogique de Marie Harsigny

Hatier jeunesse

Les questions des parents

Qu'attend-on au niveau lecture en CE1 ?

On attend d'un enfant en fin de CE1 qu'il lise de manière fluide et **qu'il comprenne ce qu'il lit**. Mais beaucoup d'étapes sont à franchir pour y arriver et tous les enfants ne les franchissent pas en même temps!
Devenir un lecteur expert nécessite la maîtrise de plusieurs procédures dépendantes les unes des autres.

Que se passe-t-il au CE1 ?

L'enfant va acquérir une maîtrise du décodage de plus en plus rapide ce qui va lui permettre de **décoder** rapidement des mots inconnus. Par ailleurs, il va **mémoriser** de plus en plus de mots qu'il lira sans passer par la phase de décodage mais simplement par reconnaissance. Il va ainsi vers une **automatisation progressive** de l'identification des mots.
D'autre part, **écrire permet aussi d'apprendre à lire**. L'un ne va pas sans l'autre. En effet, écrire permet une mémorisation orthographique des mots qui va conduire à cette automatisation progressive de la lecture. Tout ceci va permettre à l'enfant de lire de manière fluide ce qui facilitera l'accès à la compréhension.
En effet, n'oublions pas l'aspect **compréhension** qui est la finalité de toute lecture! En CE1, l'enfant va apprendre des stratégies pour comprendre un texte : démarche explicite, inférences, liens avec son histoire personnelle (à la fin des récits, vous trouverez des questions qui font appel au vécu du lecteur).

Mon enfant ne veut pas lire en dehors de l'école ?

Ne le forcez pas au risque de provoquer un rejet total de la lecture! S'il lit à l'école et que tout se passe bien, tant mieux!
Continuez de lui lire des histoires, fréquentez les bibliothèques. **Proposez-lui d'autres types de lecture** pour lesquels il peut avoir un intérêt : lire une recette puis cuisiner, lire une fiche de fabrication d'objet et construire cet objet, jouer à un jeu de société…
Il n'aura pas l'impression de lire mais lira quand même!

J'ai l'impression que mon enfant régresse par rapport au CP, comment l'aider ?

L'apprentissage, quel qu'il soit, n'est jamais linéaire. Une phase de **progression** est toujours suivie d'une phase de **stagnation** au cours de laquelle les apprentissages se stabilisent. Puis s'ensuit souvent une phase de **régression** parfois nécessaire pour atteindre un stade supérieur dans l'apprentissage. Pas de panique, tout ceci est un processus normal à l'acquisition de nouvelles connaissances et compétences!
Cependant, votre enfant pourrait se sentir démotivé à certains moments, alors ne cessez jamais de l'encourager afin qu'il garde **confiance en lui**.

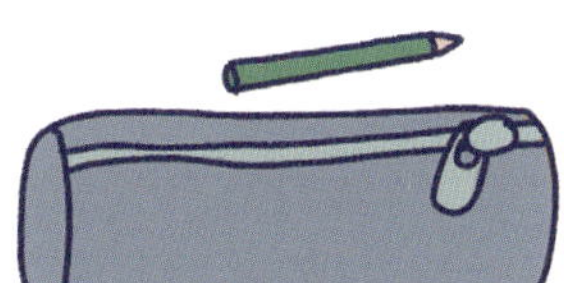

Mon enfant a du mal à comprendre ce qu'il lit, que faire ?

Soit il ne comprend pas car sa **vitesse de lecture** est trop lente, ce qui l'empêche d'accéder au sens. Dans ce cas, il ne peut pas à la fois être concentré sur le décodage et la compréhension. Soit il ne comprend pas car il ne dispose pas de **stratégies** lui permettant de faire des liens entre les différents éléments du texte et donc de construire du sens. Ces deux aspects seront travaillés au cours de l'année de CE1.

De votre côté, vous pouvez lui lire ou lui faire lire une histoire et lui **poser des questions** afin qu'il se construise une image mentale de ce qu'il se passe (quand se passe l'histoire, où, qui sont les personnages, que font-ils, que veulent-ils, que pensent-ils...). Ceci l'aidera à **tisser des liens entre les différentes informations du texte** et à raisonner pour comprendre. Vous pouvez aussi stopper la lecture à un moment clé de l'histoire et le laisser émettre des hypothèses sur la suite. Celles-ci seront validées ou non en poursuivant la lecture. Demandez-lui alors : « Comment sais-tu que..., qu'est-ce qui t'a aidé à comprendre que... » Pensez aussi à expliquer les mots ou expressions qui pourraient faire obstacle à la compréhension.

Mon enfant ne lit toujours pas bien en CE1, que faire ?

Votre enfant ne lit pas bien et peut perdre confiance en lui : portez toujours sur lui un **regard positif et bienveillant** qui le rassurera et l'aidera dans ses apprentissages.

Mon enfant est-il « dys » ?

L'abréviation « dys » signifie beaucoup de choses.
Voici une liste des principaux troubles :

- **La dyslexie :** trouble qui touche l'apprentissage de la lecture et l'acquisition du langage écrit.
- **La dysorthographie :** trouble de l'acquisition et l'automatisation du processus d'écriture.
- **La dyscalculie :** trouble du raisonnement logique et mathématique.
- **La dyspraxie :** trouble qui touche essentiellement la motricité.
- **La dysphasie :** trouble du développement du langage oral.

Si vous avez des inquiétudes…

Dans un premier temps, il faut prendre rendez-vous avec **l'enseignant** de votre enfant. Des regards croisés permettent parfois de trouver des solutions.
Si les difficultés persistent, il ne faut pas hésiter à consulter **des professionnels de santé** (orthophoniste, médecin généraliste, ophtalmologiste, O.R.L., psychomotricien…), afin de vérifier l'existence ou non de troubles des apprentissages. Ces professionnels effectueront des bilans et si nécessaire, mettront en place des programmes d'accompagnement de votre enfant, en lien ou non avec l'école.

Quelques « dys » célèbres : Albert Einstein, Bill Gates, John Lennon, Winston Churchill, Jean Dujardin, Daniel Radcliffe…. et Sacha!

Niveau 1

Les élèves de CP font leur rentrée en CE1.
Seront-ils tous dans la même classe ?

1
C'est la rentrée !

Aujourd'hui c'est la rentrée en CE1 ! Fini, le CP pour Abel, Sana, Lily et les autres !

Tous les copains se retrouvent avec joie.
Ils ont tant à se raconter...
— Moi je suis allé à la mer ! dit Nino.
— Moi, chez ma mamie, elle a plein de vaches ! fait Lily.
Marilou, elle, ne dit rien.

— Qu'est-ce que tu as ? demande Paul.

Marilou répond :

— Et si on n'est plus dans la même classe ?

Les enfants deviennent tout blancs.

Ils se regardent, inquiets.

Comment feront-ils s'ils sont séparés ?

Baptiste et Sana ne les écoutent plus.

Ils se dirigent vers une petite fille qui **se tient à l'écart**.

Ils la reconnaissent, elle vient juste d'**emménager** avec ses parents dans leur immeuble.

Leur bande de copains les rejoint très vite, ils sont intrigués par cette nouvelle venue.

— Salut, nous c'est la bande des 12 !

— Bonjour, je m'appelle Inès.

Elle parle tout doucement, les joues toutes roses.

Siam passe son bras autour de ses épaules et dit :

— Tu vas voir, on est sympas ici !

Son sourire s'agrandit, c'est vrai qu'ils ont tous l'air très gentils !

Driiiiiing !

La cloche sonne, il est temps d'aller se mettre en rang… et de croiser les doigts pour qu'ils soient ensemble dans la classe de CE1.

La directrice se tient devant tout le monde.

Les enfants font silence, on pourrait entendre une mouche voler. Ils se serrent, s'observent et l'écoutent appeler les noms, un à un.

Ouf, ils sont tous ensemble dans la classe du maître, Yssa. Un maître si grand qu'on croirait qu'il porte des **échasses** sous son pantalon ! Il y a même des nouveaux avec eux : Frida et Gabin.

Jeanne lève le doigt et demande :

— Madame... et Inès alors ?

La directrice a dû l'oublier, elle n'a pas dit son nom.

— Comme c'est étrange... murmure la directrice en secouant ses feuilles de papier dans tous les sens.

Dany s'approche d'Inès. Il a bien vu qu'elle a des larmes plein ses jolis yeux.

Il aimerait bien lui dire que tout va bien se finir mais à la place, il se tait et lui sourit.

Heureusement, le maître, Yssa, trouve une solution.
— Madame la directrice, je peux tout à fait accueillir Inès dans ma classe, il n'y a que 14 élèves !
La directrice le regarde, elle continue à faire **valser** ses feuilles de sa main gauche à sa main droite.
Elle sourit et annonce :
— Oui, oui, faisons cela ! Allez, tous en classe !
Et c'est comme ça que la bande des 12 devient en un éclair la super classe de 15 avec Gabin, Frida et Inès. Quel bonheur !
Et quel soulagement pour Inès qui sèche ses larmes !
Ils suivent tous leur maître géant. Ils en sont sûrs, cette année va bien se passer.

Comment s'appellent les trois nouveaux élèves ? Et toi, comment s'est passée ta rentrée ?

Niveau 1

Siam et Frida ne se parlent plus. À cause de cette dispute, il y a une mauvaise ambiance dans la classe.

2
La grosse dispute

Rien ne va plus entre Siam et Frida !

Dès qu'elles arrivent à l'école le matin,

elles commencent à **se chamailler**.

Tout a commencé à cause d'une histoire de crayon

rouge que Siam a prêté à son amie et que Frida a perdu.

Depuis, c'est disputes à gogo !

Niveau 1

Aujourd'hui, toute la classe va en sortie à la bibliothèque. Mais lorsque les élèves arrivent sur place, ils découvrent une catastrophe !

3

Sauvons les livres !

Le maître a une surprise pour ses élèves ce matin. Ils vont tous se rendre à la bibliothèque de la ville. Ils pourront rencontrer les bibliothécaires, Stella et Enora, et choisir les livres qu'ils liront ensemble dans la classe.

Tout le monde est ravi de cette sortie alors, vite, ils enfilent leur manteau et la classe se met en rang deux par deux.

Lorsque la classe de CE1 demande aux bibliothécaires si elles ont besoin d'autre chose, elles répondent :

— Eh bien, en ce moment, nous sommes en plein nettoyage. Nous ne refuserions pas un peu d'aide...

Le lendemain, le samedi matin, tous les CE1 sont présents pour aider les bibliothécaires.

Leurs parents, leurs frères et sœurs sont venus prêter main-forte, certains ont chaussé leurs bottes en caoutchouc. Il est temps de savonner et de ranger.

Yssa, lui, est venu avec des amis.

En milieu de matinée, un grand bruit se fait entendre.

Les CE1 regardent par la fenêtre : d'autres élèves de l'école sont là, avec leurs familles.

Tous ensemble, ils vont sauver la bibliothèque !

Ils ont un défi : la rouvrir très vite, pour le bonheur des petits et des grands !

Qu'est-ce qui s'est passé dans la bibliothèque ? Et toi, vas-tu souvent à la bibliothèque avec ta classe ou ta famille ?

Niveau 2

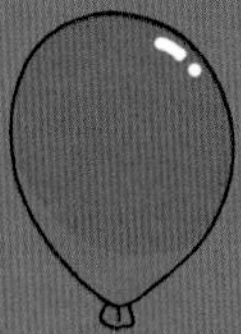

La classe va chanter pour le spectacle de Noël. Mais la représentation risque d'être annulée : l'élève qui chante le mieux a un gros souci…

4

Sana a le trac

1 • Une voix de star

— *Petit papa Noël... quand tu descendras du ciel...*

Ce matin, la voix de Marilou ne veut pas se taire. La petite fille sait bien qu'on ne doit pas chanter, pas en classe, mais c'est plus fort qu'elle. Les vacances approchent et ce sera bientôt Noël, avec ses surprises et ses cadeaux.

— Chuuut, lui fait Sana, assise à ses côtés. Tu vas te faire punir !

Trop tard, Yssa a tout entendu : il se dirige droit vers les deux amies. Mais, au lieu de froncer les sourcils et de se fâcher, il affiche un grand sourire.

— Au contraire, Sana, je suis ravi d'entendre Marilou chanter ! D'ailleurs, on va tous l'imiter !

— Comment ça ? demande Baptiste, soudain inquiet.

— Vous allez tous chanter pour le spectacle avant les vacances de Noël !

Sana et Marilou, **les yeux écarquillés**, se mettent à battre des mains, bientôt rejointes par Lily et Paul. Nour, Nino et Baptiste préfèrent faire la grimace. L'idée ne les réjouit pas du tout.

— Je vous ai préparé quelques chansons, nous allons nous y mettre tout de suite.

Niveau 2

La classe de CE1 échange des mails avec une classe située au Canada. Les élèves canadiens proposent à leurs amis de faire un appel vidéo !

5
La classe du bout du monde

1 • Un rendez-vous inattendu

— Regardez ! On a reçu du courrier !
Siam pointe son index sur la petite enveloppe qui clignote sur le grand tableau blanc.
— C'est sûrement des nouvelles du Canada ! se réjouit Paul.

Aussitôt les enfants demandent à leur maître de cliquer sur la lettre pour ouvrir le mail. Depuis qu'ils échangent avec cette classe d'Amérique du Nord, les copains du CE1 adorent recevoir des nouvelles de leurs correspondants.

Ils en ont chacun un. Avec de drôles de prénoms... comme Abbie, Iliana, Victoria ou Xena pour les filles et Danik, Tao, William ou Radu pour les garçons. Rien que les prononcer c'est déjà partir un peu en voyage. Et quand on regarde sur le **globe** de la classe, leur pays semble vraiment à l'autre bout du monde.

Yssa lit à haute voix le nouveau message :

— Bonjour à vous tous, chers amis de France !

Ici le ciel est bleu et le sol tout blanc. Il y a de la neige et de la glace partout. Et chez vous ? Quelles sont les couleurs de l'hiver ? Tous ensemble, nous avons eu une super idée pour mieux vous connaître. Nous voudrions faire une visioconférence avec vous. Qu'en pensez-vous ? Ce serait chouette de se voir en vrai ! En attendant, on vous envoie des becs* en forme de boules de neige !

* Au Québec, une région du Canada, les « becs » sont des bisous.

— Une visioquoi ? demande Emine, impressionné par le mot à rallonge.

— Une visioconférence, répète le maître. C'est un moyen de voir les gens à qui on parle. Grâce à une caméra, nous serons filmés. Et malgré la **distance** qui nous sépare, nous pourrons tous nous voir !

— Ah oui, dit Siam, comme quand on appelle mes cousins en Chine !

— C'est mieux que le téléphone tout court ! s'exclame Gabin.

— C'est plus moderne, ajoute Jeanne.

— Exactement ! Nous n'avons plus qu'à choisir le jour et l'heure de notre prochain rendez-vous ! renchérit le maître.

Les enfants se réjouissent tous en se tapant dans les mains. Tous ? Non... Baptiste recule son fauteuil et Dany devient plus blanc que le tableau. Heureusement, Yssa reprend déjà la leçon d'histoire.

2 • Briser la glace

À la récré, Baptiste et Dany restent sous le préau, sans se mêler aux jeux de leurs copains qui courent et crient comme d'habitude.

— Qu'est-ce qui vous arrive ? C'est la visioconférence qui vous met dans cet état ? leur demande Siam.

Dany passe du blanc au rouge et **bredouille** :

— J'ai peur que Victoria n'aime pas moi quand elle verra moi. Jamais je ne vais oser parler à elle !

Baptiste, encouragé par l'aveu de son copain, murmure :

— Moi, j'ai pas dit à William que j'étais en chaise roulante. Lui, c'est un fan de **hockey sur glace**... Alors, c'est sûr, il va se moquer de moi.

Siam ouvre des yeux ronds. Paul, qui a tout entendu, n'en croit pas ses oreilles.

— Mais n'importe quoi ! Victoria va sûrement te trouver très mignon, Dany ! s'exclame Siam. Vous pourrez même vous parler en anglais.

— Et si William se moque de toi, Baptiste, c'est un imbécile ! s'écrie Paul.

— Évidemment ! Tout va super bien se passer ! On sera tous ensemble, ajoute Siam.

— Un pour tous, tous pour un ! lance Paul pour redonner confiance à ses amis.

Le jour de la visioconférence arrive enfin. Dany a mis un beau pull, de la couleur de ses yeux. Baptiste a mis une casquette de sportif, pour montrer que lui aussi aime le sport. Pourtant, ils restent derrière les autres. Lorsque l'écran s'allume, plein de visages et de sourires apparaissent. Chacun se présente à tour de rôle. Certains sont timides, d'autres trop bavards, mais tous sont heureux de découvrir leur copain du bout du monde. Quand vient le tour de Baptiste, c'est Paul qui le pousse vers la caméra.

— William, je te présente Baptiste : le meilleur goal de toute l'école !

En face, le Canadien lance un « Waouh ! » impressionné.

Puis, c'est au tour de Dany. C'est Siam qui se charge des présentations :

— Bonjour Victoria, voici Dany ! Il parle déjà plusieurs langues... il comprend tout ! ajoute-t-elle en lui faisant un clin d'œil.

Victoria devient aussi rouge que Dany. Mais ses yeux verts brillent de mille feux et se reflètent dans ceux du petit Anglais.

Les échanges durent encore quelques minutes puis les deux classes se disent au revoir.

Yssa se tourne vers ses élèves :

— Heureusement que Siam et Paul ont aidé à **briser la glace**... canadienne !

Où vivent les correspondants des CE1 ? Demande à tes parents de te montrer sur une carte ce pays.

Niveau 2

Sacha, un nouvel élève, arrive à l'école. Mais il n'est pas très gentil. Les élèves du CE1 décident de comprendre pourquoi…

6

Le nouveau pas sympa

1 • Sacha-le-chameau

– Aïe ! Fais attention Sacha !

Marilou vient de se faire bousculer par le nouveau.

Alors qu'elle se frotte le bras, Jeanne râle :

— Celui-là, depuis qu'il est arrivé, il est affreux.

Sacha passe sans rien dire. Il hausse les épaules.

On dirait qu'il se fiche de ce que pensent les autres.

Cela ne fait qu'une semaine qu'il est dans la classe de CE1, mais aucun des élèves n'a envie d'en faire son ami. Sacha ne sourit jamais, ne parle avec personne, refuse de répondre aux questions du maître, reste seul toute la journée.

— Il est tout le temps en train de bouder, s'énerve Nino.

— Il est vraiment pénible, ajoute Abel.

— Il ne me dit jamais bonjour, se plaint Sana.

— Et puis il pousse tout le monde sur son passage, grogne Emine.

— Tout ça, parce qu'il se croit le plus fort... explique Baptiste.

Les enfants, groupés près du préau, fixent le grand garçon qui shoote dans les cailloux, à l'autre bout de la cour.

— Il est bizarre… ça doit cacher quelque chose, souffle Abel.

— Et si on enquêtait sur lui ? propose Nino.

— On pourrait trouver pourquoi il est aussi… chameau ! lance Baptiste.

— Sacha-le-chameau… ça lui va bien ! s'amuse Nino.

Les trois copains se mettent à la chasse aux indices. Ils suivent Sacha partout : aux toilettes, à la cantine, dans les escaliers, dans les vestiaires. Le vendredi midi, Sacha reste dans la classe avec le maître. Nino se cache derrière la porte et entend Yssa donner une leçon de lecture. Un texte super facile, qu'ils ont déjà fait l'an dernier. Mais Sacha **bute** sur tous les mots, a du mal à prononcer les sons et s'énerve à la vitesse de l'éclair.

— C'est trop dur ! Tout s'embrouille ! s'écrie-t-il en crispant ses mains sur la table.

— Calme-toi Sacha ! Tu vas finir par y arriver, le rassure le maître de sa voix grave. Ce n'est pas ta faute si tu es **dyslexique**.

— Je suis malade !

— Non, pas du tout. Mais ça prend du temps… Courage, Sacha !

Et la leçon reprend.

— Ça alors ! Sacha est dyslexique ! s'étonne Nino qui a hâte de le dire à ses copains.

— Nous, on veut bien t'aider... à condition que tu arrêtes de faire ton Monsieur Muscles !
Sacha se met à rougir. Son secret est **démasqué**.
Après tout, un coup de pouce ne serait pas de trop et il en a un peu marre d'être désagréable. Ce n'est pas marrant d'être toujours tout seul.
— D'accord... finit-il par dire.

Avec l'aide de ses nouveaux copains, Sacha change d'attitude. Ce n'est pas encore un as en lecture, mais Yssa admire ses efforts. Dans les couloirs il ne bouscule plus personne et il sourit beaucoup plus... surtout à Sana.
Nino se penche à l'oreille de Baptiste et lui glisse :
— Fini Sacha-le-chameau ! Maintenant c'est Sacha-le-charmeur !

Est-ce que Sacha est vraiment méchant ? Et toi, dans ton école, as-tu un copain qui a des difficultés en classe ?

CE1

Niveau 3

Tout le monde est déguisé aujourd'hui. Enfin presque tout le monde. Mais où trouver de super déguisements ?

7
Le carnaval

1 • Tous déguisés !

Ce matin, il règne une ambiance joyeuse à l'école. C'est le jour du carnaval ! Tout le monde doit être déguisé, même le maître, pour le grand défilé qui aura lieu dans la cour cet après-midi.
Une épée en bois à la main et une **cotte de mailles** sur le dos, Gabin défie Baptiste transformé en superhéros.

— Tout le monde est en tenue ? demande le maître.

— Non ! Pas moi ! s'affole Nour. J'avais oublié que c'était le carnaval, aujourd'hui.

— Moi aussi... boude Sacha, mais je m'en moque.

La malle ne contient plus qu'un vieux pull et deux écharpes, et la cloche sonne l'heure de la récréation.

— On va vous aider, assure Marilou. À la récré, on a toujours de bonnes idées !

2 • L'effet récré

— Psst ! Gabin ! Tu viens ? râle Lily.

Au fond de la cour, le chevalier reste planté face au mur de la **maison de retraite** voisine de l'école.

— Coucou Madame Mounette ! crie-t-il à une vieille dame à sa fenêtre.

Madame Mounette vit dans la résidence à côté de l'école. Chaque vendredi, la classe rend visite aux **pensionnaires** d'à côté.

Madame Mounette leur lit des histoires,
Monsieur Gonzales leur prépare des gâteaux.
Il y a aussi Madame Kiki qui est aveugle mais qui reconnaît chacun sans se tromper. Une vraie amitié existe entre les enfants et les personnes âgées.
Alors quand les élèves aperçoivent leurs voisins depuis la cour de l'école, ils n'hésitent pas à leur dire bonjour.

— Oh, coucou Madame Mounette ! disent en chœur les copains de CE1 pendant que cette dernière leur adresse à tous un petit signe de la main.

— Madame Mounette a l'air de s'ennuyer… s'inquiète Gabin.

— Le problème, c'est qu'on est mardi, intervient Jeanne. On ne peut pas aller la voir.

— En plus, c'est le carnaval ! ajoute Abel.

— Je crois que j'ai une idée géniale, lance Marilou. Je vous avais prévenus. C'est l'effet récré !

De retour dans la classe, Marilou explique au maître pourquoi ils doivent se rendre dans la maison de retraite.

— Je suis sûre qu'ils ont plein de choses pour se déguiser, affirme le Chaperon rouge.

— Ah oui ? rit le maître.

— Et puis, ils s'embêtent tout seuls, ajoute Gabin. On voudrait les inviter au carnaval de l'école.

Le maître est d'accord. Mais il faut que la directrice de l'école accepte.

— Abracadabra ! dit Jeanne la fée en agitant sa baguette. C'est comme si c'était fait !

3 • Les trésors de Madame Mounette

Après le déjeuner à la cantine, la joyeuse bande pénètre déguisée dans la maison de retraite. Les enfants frappent à la porte de Madame Mounette qui n'en croit pas ses yeux.

— Vous êtes magnifiques ! dit-elle en applaudissant.

Elle appelle ses voisines de l'étage.

— Monique ! Colette ! Les petits de l'école sont là, et ils sont tous déguisés !

— Pssst ! Madame Mounette, lui glisse Nour. Vous pourriez nous aider, Sacha et moi ? On n'a pas de costume.

— Bien sûr ! Venez fouiner dans mon armoire à trésors. Autrefois, Madame Mounette était costumière au théâtre. Elle a conservé certains costumes, et les a montrés un jour à Marilou. Celle-ci n'avait pas oublié ce détail de la vie de la vieille dame.

*

À l'heure du défilé, tout le monde applaudit bien fort les CE1. Derrière son voile, Nour transformée en princesse des mille et une nuits, danse de joie. Et Sacha rugit dans son somptueux costume de lion. Par les fenêtres ouvertes de la maison de retraite, tous les pensionnaires font tomber une pluie de confettis sur la classe d'Yssa le clown.

— Quelle fête ! rit Madame Mounette, un peu émue. Grâce à la magie d'un carnaval, elle a retrouvé son âme d'enfant. Les élèves du CE1, eux, sont très contents de leur défilé pour tous les âges !

Qui aide Nour et Sacha à se déguiser ? Et toi, en quoi aimes-tu te déguiser ?

Niveau 3

Ce matin, les élèves ont une dictée. Gabin l'a très bien préparée avec son papa. Peut-être trop…

8

Qui a triché ?

1 • La dictée

— Un poisson, lance Monsieur Ridoux

— U-N plus loin P-O-I-S-S-O-N, répond Gabin.

— Bien, le félicite son papa. La purée ?

– L-A plus loin P-U-R-É ! s'écrie Gabin.

— Il manque une lettre... prévient Monsieur Ridoux.

— Il avait trop honte en voyant les papiers sous sa chaise... reprend Lily. Mais ils sont juste tombés de sa poche.

— Ils lui servaient à réviser ! s'écrie Jeanne. Je l'ai vu dans la cour, ce matin.

— Lui pas regarder pendant la dictée, renchérit Dany.

Le maître éclate de rire.

–Voilà une belle brochette d'amis pour te défendre, Gabin ! Et j'ai l'impression qu'ils disent la vérité.

— Oui, acquiesce Gabin. Je suis désolé...

— C'est moi qui suis désolé de t'avoir accusé trop vite, avoue le maître. Mais, comme vous le savez tous...

— Il ne faut jamais tricher ! s'écrient les élèves **en chœur**.

Gabin ne pense même plus à sa future note. Il a eu une récompense plus importante après cette dictée : des copains prêts à tout pour l'aider !

Gabin avait-il triché ? Et toi, comment fais-tu tes devoirs ? À la maison, à l'étude, ailleurs ?

Niveau 3

Paul a invité toute la classe
à son anniversaire. Mais Inès n'a
pas reçu de carte d'invitation…

9

L'invitation

1 • Le courrier de Paul

En arrivant devant la grille de l'école, ce mardi matin, Baptiste fait de grands signes à son copain Paul.

— Merci pour l'invitation ! lui crie-t-il.

Sa maman salue le papa de Paul.

— Baptiste était tellement fier de recevoir le carton par la poste ! explique-t-elle. Il viendra avec joie à l'anniversaire de Paul.

— Génial ! se réjouit Monsieur Germon. Pour ses huit ans, mon fiston veut faire les choses en grand.
« En grand ? rêve Baptiste. Cet anniversaire va être vraiment extraordinaire. »
Paul, tout sourire, entre avec lui dans la cour.
— À ce soir ! disent les parents.

*

Dans la cour, les autres copains du CE1 **se précipitent** vers Paul.

— J'ai eu ta lettre ! s'exclame Marilou.

— Moi aussi ! souffle Abel, en courant derrière elle.

Sur le timbre, il y a un gros gâteau avec huit bougies !

Jeanne se vante d'avoir eu l'invitation la première.

— Paul me l'a portée lui-même, précise-t-elle.

— Forcément ! Vous habitez dans le même immeuble ! réplique Lily en haussant les épaules.

La cloche sonne. Pendant que les élèves se mettent en rang, des chuchotements **bourdonnent**...

Quand le maître entre dans la classe, il se demande pourquoi ses élèves sont si agités.

— Paul ! Tu veux bien t'installer à ta table, s'il te plaît ! ordonne-t-il.

— Il faut que je parle à Inès tout de suite ! le supplie le garçon. Je lui ai envoyé une invitation pour mon anniversaire, et elle ne l'a pas reçue. C'est bizarre !

— Parfois, les facteurs se trompent... intervient Gabin.

Yssa s'approche d'Inès en souriant, et lui rappelle :

— Tu n'as pas déménagé il y a deux mois, Inès ?

— Ce n'est pas la bonne adresse sur le fichier des parents, alors ? demande Paul.

— Non ! s'écrie Inès. Je n'habite plus rue des Chatons, mais rue du Chêne Vert.

Voilà l'explication !

*

Ce soir-là, avant de quitter la classe, Paul sort un carton du casier de sa table : une invitation spéciale pour Inès, avec des gommettes collées par chacun des copains du CE1.

— On compte tous sur toi, demain ! dit Paul.

Tu viendras ?

— Oh oui ! Merci ! s'écrie Inès. En plus, il y aura un...

Oups, Inès a failli révéler la surprise. On l'a échappé belle !

Pourquoi Inès n'a pas reçu de carte ? Et toi, as-tu invité tes amis pour ton anniversaire ?

Niveau 4

Frida a un gros problème. Est-ce que cela a un rapport avec l'annonce du maître ? Il y a des poux dans l'école ! Certains élèves pensent que c'est Frida qui a contaminé la classe !

10
Frida a des poux ?

Chapitre 1
Le mot dans le cahier

Aujourd'hui, quand Frida arrive à l'école,
elle ne sourit pas.
En classe, Frida qui est toujours si bavarde
ne participe pas.

Alors, quand la récréation sonne, Inès, la meilleure amie de Frida, va parler au maître. Et le maître dit :

— Inès et Frida ! J'ai besoin d'aide pour les photocopies ! Vous allez rester avec moi pendant la récréation. D'accord ?

Frida sourit. Elle est fière. Quand le maître demande de l'aide, il choisit bien les enfants à qui il demande.

Quand les enfants rentrent en classe, le maître annonce :

— Sortez vos cahiers pour les parents. Nous devons écrire un mot.

Et le maître écrit au tableau :

Les poux sont de retour.
Merci de vérifier les têtes
de vos enfants.

Un murmure s'élève dans la classe. On entend :

— Qui a des poux ?

Tout le monde se regarde. Frida, elle, est toute rouge.

— C'est Frida, qui a des poux, murmure Emine à son voisin. C'est sûrement pour ça qu'elle est restée dans la classe !

— Mon frère dit que quand on a des poux, ça veut dire qu'on est sale, lance Baptiste.

Il a parlé si fort, que le maître se fâche :

— Baptiste, ça suffit ! Si tu as des bêtises à dire, tu peux aller réfléchir au fond de la classe.

C'est rare que le maître crie. C'est vraiment quand on fait une énorme bêtise ! Alors cette fois, c'est Baptiste qui rougit.

Chapitre 2
Le bonnet

Le lendemain, quand Emine arrive à l'école, il est très en colère.

— Quand mes parents ont lu le mot, ils ont voulu à tout prix me faire un shampoing anti-poux ! Et maintenant ça me gratte !

— Moi aussi, ils m'ont fait un shampoing, **réplique** Sacha.

— Ils ont raison, approuve Marilou. C'est **préventif**.

— Préven-quoi ? demande Baptiste.

— Préventif ! répond Jeanne. Ça veut dire que tu empêches que les poux arrivent.

— Oui mais maintenant, ça me gratte ! râle Emine. Et avant ça ne me grattait pas !

— Peut-être que tu as des poux ! se moque Inès qui vient d'entrer dans la cour.

— Si quelqu'un a des poux ici, crie Emine, c'est sûrement pas moi ! Y'a que les gens sales, qui ont des poux !

— Tu crois ça, toi ? s'écrie Gabin. Nous, avec mon père, on a regardé dans le dictionnaire. Les poux, il y en a toujours eu. Depuis l'**Antiquité**.

— Depuis quoi ? demande Sasha.

— Depuis très très longtemps, explique Nino.

— Depuis toujours, quoi. On se les donne parce qu'on joue tous ensemble, alors forcément, les poux passent d'une tête à l'autre ! ajoute Lily.

— Eh bien moi, je vais peut-être moins jouer ! dit Baptiste.

— Moins jouer ? Tu ne seras pas capable ! lance Sacha en riant.

Et voilà qu'apparaît Frida. Elle porte sur la tête un gros bonnet.

— C'est drôle, ton bonnet, dit Jeanne. On dirait un bonnet pour les sports d'hiver !

— Ah oui ! s'écrie Abel. Ça donne drôlement envie d'aller aux sports d'hiver !

Frida sourit.

— J'essaie un nouveau traitement, raconte Frida. J'en ai marre ! Chaque fois qu'il y a des poux à l'école, je les attrape !

— Il n'y en avait pas avant toi ! dit Baptiste.

— Si, le coupe Gabin. Mon petit frère, il est au CP. Et il est revenu de l'école avec un mot sur les poux il y a déjà huit jours !

— En tout cas, moi, je ne jouerai pas avec Frida tant qu'elle aura besoin de son bonnet ! annonce Emine.

La cloche sonne. Personne ne répond. En classe, Frida garde son bonnet. Elle sent bien que des élèves la **regardent en coin**. Alors, à la récréation, le maître lui demande de rester pour l'aider. Tout le monde sait que c'est un **prétexte**.

Dès qu'elle est dans la cour, Inès laisse éclater sa colère.
— C'est injuste ! Frida n'est pas la première à avoir des poux ! Elle ne va quand même pas passer ses récréations dans la classe parce que des andouilles se moquent d'elle !
— C'est qui les andouilles ? demande Sacha.
— Devine ! répond Lily.
Et pendant le reste de la récré, Emine, Sacha et Baptiste vont à un bout de la cour, et Jeanne, Marilou, Inès et Lily à l'autre. Et à cause des poux, personne ne joue. Ils s'observent de loin.
— Ça ne peut pas durer ! crie Lily. J'ai une idée !
Inès, Jeanne et Marilou s'approchent de Lily qui leur souffle son idée si bas que même elles ont du mal à l'entendre.
— Génial ! fait Marilou bien haut en passant devant les garçons. On va en parler à Siam, Nour et Sana.
— Mais qu'est-ce-qu'elles ont encore trouvé ? se demande Emine.

Chapitre 3
L'idée de Lily

À treize heures, quand les filles reviennent à l'école, après le déjeuner à la maison, elles portent toutes... un superbe bonnet d'hiver à pompons ! Elles en ont même rapporté à celles qui mangent à la cantine.

— Ouah ! La bonne idée ! applaudit Nino.

— Voilà ! On est la bande des bonnets ! annonce Marilou fièrement.

Frida est heureuse. Elle est la reine des bonnets d'hiver !

— Seuls ceux qui auront des bonnets pourront jouer avec nous ! annonce Marilou.
Les filles éclatent de rire.
À peine sont-elles rentrées en classe, que le maître dit :
— Quel beau **défilé** mesdemoiselles ! Que cela vous serve de leçon ! ajoute-t-il en fixant la table d'Emine et Sacha.
Tous deux baissent la tête.
À la récréation, les filles jouent ensemble. Les garçons boudent un peu. Ils ne jouent pas. Emine, Baptiste et Sacha sont un peu honteux. Nino, Dany, Paul, Abel et Gabin, eux, n'ont pas de bonnet. Et comme par hasard, jamais les filles n'ont autant ri en jouant à chat.
Alors, le lendemain matin, tous les CE1 viennent avec un bonnet ! Même Baptiste, Emine et Sacha !
À nouveau, ils jouent ensemble. Et quand ils rentrent en classe, une surprise les attend : le maître porte aussi un bonnet ! Et il annonce, tout joyeux :
— Grâce à Frida, j'ai eu une idée formidable !
L'an prochain, on partira en classe de neige !

Toute la classe crie :

— Hourrah !

— Les bonnets, après tout, dit Emine, ça ne sert pas qu'aux poux !

Qu'ont fait les filles pour aider Frida ?
Et toi, as-tu déjà eu des poux ?

Niveau 4

La classe est en sortie : tous vont participer à un grand jeu de piste. Des parents accompagnent, dont la maman de Nino, qui attend un bébé...

11 Le grand jeu de piste

Chapitre 1
Les équipes

Aujourd'hui, c'est le jour du grand jeu de piste. Toute la classe va partir dans le petit bois situé à la sortie de la ville. La veille, le maître a caché des petits indices pour trouver le chemin qui mène au trésor. Ce matin, tout le monde se retrouve devant l'école.

Le papa d'Emine est là ainsi que les mamans de Frida, de Nour et de Nino.

— Dis donc, ta maman attend un bébé, dit Abel à Nino, en montrant le ventre rond de Madame Mongabe.

— Oui, dit Nino. Et c'est pour dans un mois. Si c'est une fille, elle s'appellera Soline. Si c'est un garçon...

Le futur grand frère est interrompu : Yssa fait l'appel et tous montent dans le grand car qui les dépose quelques minutes plus tard près du bois, à la sortie de la ville.

Emine se tient près de son père, avec Sacha.

Lily et Siam complètent leur équipe.

Frida rejoint sa mère. Elle tient la main de Sana.

Paul et Gabin sont dans leur groupe.

Inès donne la main à Nour qui donne la main à sa mère. Baptiste et Dany les suivent.

Devant la maman de Nino, Jeanne et Marilou sont déjà rangées. Elles ont hâte de commencer. Abel et Nino se placent juste derrière elles.

Chapitre 2
Les énigmes

Au bout du chemin, il y a le lac.

— C'est le miroir ! dit Emine.

— Et qu'est-ce-qui t'est arrivé l'été dernier ? demande Sacha.

— Eh bien... Je suis tombé dedans ! Heureusement que je savais nager.

Il ne reste qu'un papier accroché à la branche la plus basse de l'un des arbres. Les autres équipes sont déjà reparties !

Le papa d'Emine décroche le papier, et le donne à Siam. Elle lit :

« Dans le secret des pierres, se cache le chemin. »

— C'est drôlement joli cette phrase ! murmure Lily.

— Oui mais on n'est pas en poésie, râle Sacha.

— J'ai trouvé ! dit soudain Lily. Les pierres. Ce sont les rochers !

— Mais oui ! devine Emine. Là où on fait de l'escalade avec le maître ! Allons-y !

Emine en tête, l'équipe repart en courant.

La maman de Nino, elle, est déjà arrivée aux rochers avec son équipe. Pendant que les enfants cherchent le petit papier, elle s'assied.

— Ouf ! souffle-t-elle en souriant. Il est lourd, ce bébé !

Les trois groupes grimpent dans les rochers.

Et voilà le groupe d'Emine qui arrive.

— Chouette ! lance Lily. On vous a rattrapés !

Emine fouille à son tour les rochers, et très vite il **brandit** un petit papier.

— Hourrah ! s'écrie-t-il, on est les premiers !

Il déplie le petit papier, lit tout bas pour son groupe :

— « Les boules d'or ne poussent plus, les mauvaises herbes sont reines là-bas. »

— Les boules d'or… murmure Sacha.

C’est alors qu’on entend crier au même instant : Dany et Paul viennent de trouver en même temps le petit papier.

Les quatre équipes se regroupent et tous parlent en même temps.

— Vite ! dit Siam. Il faut qu’on soit les premiers !

— Les boules d’or... répète Sacha. Des citrons ?

— Il y a une **serre**, plus loin ! dit Paul. Maintenant elle est envahie par des mauvaises herbes !

— On y va ! ordonne Marilou.

La maman de Nino se relève. Nino est soucieux.

— Ça va, maman ?

— Très bien, mon chéri. Partez devant ! J’arrive.

Les enfants s’éloignent. Nino jette un œil vers sa mère. Elle lui fait un petit signe de la main.

La serre est loin. Abel, Jeanne et Marilou avancent vite.

— Attendez, s'inquiète Nino, ma maman n'est toujours pas là.

Abel, Marilou, Jeanne et Nino retournent sur leurs pas et découvrent la maman, assise par terre.

— Maman, tu es toute blanche, s'affole Nino.

— Je ne me sens pas très bien. Le bébé va arriver !

— Alors vite, dit Jeanne, il faut avertir le maître.

— J'y vais ! décide Nino.

— Je viens avec toi ! propose Jeanne.

Chapitre 3
La course la plus importante

Nino et Jeanne arrivent à la serre. Nino repère le papier accroché à un arbre. Il le déplie. Il a les doigts qui tremblent un peu. Il faut qu'il comprenne pour trouver le bon chemin. Il lit : « Prenez le chemin bordé de rouge. »

— Le chemin bordé de rouge ? se lamente Nino.

— Je sais ! crie Jeanne. Ce sont les coquelicots !

Les deux enfants longent un champ couvert de coquelicots. Ils dépassent en courant tous les autres et arrivent **en nage** droit sur le maître.

— Bravo ! Vous êtes les premiers !

— Ma maman ! dit Nino. Elle va avoir son bébé !

— Où est-elle ? s'écrie le maître.

Il part en courant avec Nino et Jeanne.

— J'appelle les pompiers !

Yssa, Nino et Jeanne retrouvent Madame Mongabe, soutenue par Abel et Marilou. Le camion rouge des pompiers surgit bientôt entre les arbres. La maman de Nino s'allonge sur un **brancard**.

— Ne t'inquiète pas ! dit-elle à Nino. Tout va bien ! Le bébé a juste envie de sortir !

Attirées par la sirène, les autres équipes rejoignent la scène et regardent les pompiers partir.

— Chouette taxi ! fait Emine .

Le maître lui fait les gros yeux.

— Allez, on rentre à l'école, lance Yssa.

Dans le car, au retour, l'ambiance est très calme.

Les enfants sont un peu inquiets.

Soudain, le téléphone portable du maître sonne.

Yssa décroche, il écoute. Puis il se tourne vers Nino avec un grand sourire :

— Ta maman va bien. Ton petit frère est né dans le camion des pompiers ! Il s'appelle...

— Paco ! crie Nino, soulagé.

Tous applaudissent la bonne nouvelle. Au milieu du **brouhaha**, une voix se fait entendre :

— Yssa, Yssa ? demande Emine. Qui a gagné le jeu de piste ?

— C'est Paco, bien sûr ! répond Yssa en riant.

Qui a gagné le jeu de piste ? As-tu déjà fait un grand jeu comme celui-ci ?

Niveau 4

C'est la fin de l'année. La classe prépare un spectacle. Que vont-ils pouvoir jouer ?

12
La fête de l'école

Chapitre 1
La grande nouvelle

Ce matin, en classe, Yssa annonce :

— Nous devons préparer la fête de l'école.

— Hourrah ! crient les enfants.

Et Abel plus fort que tout le monde. Abel aime particulièrement la fête de l'école.

Groupes

— Oui, mais il va falloir se mettre au travail ! On va monter une pièce de théâtre, dit le maître. Qui écrit l'histoire ?

— Moi ! propose Marilou. On va jouer *Le Petit Chaperon rouge* !

— Encore ! râle Nino. On la connaît, l'histoire du Petit Chaperon rouge !

— Oui mais là, lance Marilou, ce sera différent. Cette fois, le Petit Chaperon ce sera moi !

— Toi ? demande Baptiste. Génial ! Alors moi je serai le loup !

— Toi ? demande Frida. Le loup ?

— Exactement ! répond Baptiste. Je serai un loup aux longues dents et aux grandes roues, en fauteuil !

— Quelle bonne idée ! approuve le maître. Il nous reste deux semaines seulement pour être prêts !

— Je participe à l'écriture ! dit Paul. Moi j'écris bien, j'adore écrire !

— Et moi aussi ! enchérit Sacha. Surtout les scènes de bagarre !

Les enfants éclatent de rire.

Aujourd'hui les enfants des chansons viennent les présenter aux enfants qui écrivent l'histoire.

— La pâte à pizza ? Jamais la grand-mère ne fera de la pâte à pizza ! s'étonne Sacha.

— Mais c'est pas toi, c'est la grand-mère ! dit Abel.

— Non , c'est moi ! proteste Paul.

— Eh bien, la grand-mère fera la pâte à pizza. Sinon tu ne feras pas la grand-mère ! s'énerve Abel.

— Bon, dit le maître. Que penses-tu, Abel, d'une pâte à choux ?

— Et le Petit Chaperon rouge, qu'est-ce qu'elle mange ? demande Marilou.

— Le Petit Chaperon rouge ne mange pas, dit Jeanne. Elle, elle a peur de traverser le bois. Mais de toute façon, c'est nous qui les chan-...

C'est à ce moment-là que l'on entend un grand BOUM ! dans la salle d'à côté. La salle d'à côté, c'est celle qui sert au bricolage. Le maître se précipite : Le premier arbre qui tenait debout... vient de tomber sur la tête de Frida. Frida est assise par terre. Juste à ce moment-là, Isabelle sort de sa classe.

DECORS

— Qu'est-ce qui se passe ici ? gronde-t-elle.

Mais dès qu'elle voit Frida assise par terre et se frottant la tête, elle se précipite à son tour :

— Ça va, ma jolie ? Tu n'as rien ?

Frida se relève. Elle sourit.

— Ça va ! Je suis **assommée** par la beauté de notre décor.

Le maître et la maîtresse éclatent de rire. Et comme la récréation sonne, Isabelle dit :

— Je fais sortir ma classe et je reviens vous aider ! Je vais vous faire répéter !

Le maître est ravi. Abel beaucoup moins : il se demande s'il va pouvoir chanter sa chanson bien fort.

Avec Isabelle, les répétitions s'organisent un peu mieux : les chanteurs ne crient plus et personne ne se dispute.

Finalement, on a décidé que les enfants feraient les arbres : ça leur évitera de tomber. Alors il y a cinq arbres, magnifiques, tous différents, avec de beaux troncs en carton et des branches pleines de feuilles vertes, jaunes, oranges. Une vraie forêt d'automne !

Le Petit Chaperon et le loup aux grandes roues se promènent là-dedans comme des poissons dans l'eau... Sauf quand Gabin change de place.

— Oui mais je n'ai pas fini de peindre le tronc de mon arbre ! dit Gabin.

On entend alors le petit frère de Nino qui **gazouille** dans la salle. Ça fait rire tout le monde.

La salle applaudit les enfants si fort et si longtemps que le maître doit les **interrompre**. Il les remercie d'être venus, et aussi, leur dit qu'un grand goûter les attend.

Les enfants crient :

– *Hourrah !*

Mais ils se tiennent encore la main. Cette année, c'était une année merveilleuse. Personne ne veut qu'elle se termine !

Et toi, as-tu passé une belle année ? Raconte tes plus beaux souvenirs !

Lexique CE1

C'est la rentrée !

Se tenir à l'écart (page 11) : être un peu loin.

Emménager (page 11) : s'installer dans un nouveau logement.

Échasses (page 13) : deux bâtons longs sur lesquels on monte et qui permettent de marcher.

Valser (page 14) : danser une danse appelée valse ou comme dans le texte, bouger fort des choses.

La grosse dispute

Se chamailler (page 17) : se disputer.

Se réconcilier (page 18) : devenir à nouveau ami(e)s.

Porte-parole (page 20) : représentant d'un groupe, qui parle au nom du groupe.

Griffonner (page 21) : écrire très vite, pas très bien.

Sauvons les livres !

Cacophonie (page 27) : plusieurs bruits qu'on entend en même temps.

Collecte (page 28) : action de demander de l'argent ou des objets pour les offrir ensuite.

Solidarité (page 29) : sentiment qui pousse à aider les autres.

Générosité (page 29) : qualité d'une personne qui donne beaucoup aux autres.

Sana a le trac

Yeux écarquillés (page 35) : les yeux grand ouverts.

S'imposer (page 37) : arriver à se faire une place, au-dessus des autres.

Trembler comme une feuille (page 37) : trembler sans pouvoir s'arrêter.

Être désespéré (page 40) : être très triste, sans espoir.

La classe du bout du monde

Globe (page 44) : sphère, boule sur laquelle est imprimée la carte de la Terre.

Distance (page 46) : longueur entre deux lieux.

Hockey sur glace (page 48) : sport d'équipe où les joueurs doivent envoyer un palet dans les buts adverses. Cela se joue sur la glace.

Briser la glace (page 51) : faire cesser la gêne ou le silence dans une réunion où les gens n'osent pas se parler.

Le nouveau pas sympa

Buter (page 56) : être arrêté par une difficulté.

Dyslexique (page 57) : personne qui a des difficultés à lire et à écrire parce qu'elle confond ou intervertit les lettres des mots.

Jaillir (page 58) : sortir très rapidement.

Démasqué (page 60) : connu de tous.

Le carnaval

Cotte de mailles (page 63) : tunique faite de fils en métal, portée au Moyen Âge.

Sari (page 65) : long tissu qui forme une robe, habit porté en Inde.

Imperméable (page 65) : manteau.

Maison de retraite (page 67) : lieu où vivent des personnes âgées.

Pensionnaire (page 67) : personne qui vit dans une école, un centre ou une maison de retraite.

Qui a triché ?

Mordiller (page 76) : mordre légèrement.

Dévisager (page 79) : regarder avec insistance.

Paralysé (page 80) : qui ne bouge plus.

Innocent (page 83) : qui n'est pas coupable.

En chœur (page 84) : ensemble, d'une même voix.

L'invitation

Se précipiter (page 88) : aller ou faire vite.

Bourdonner (page 89) : faire un bruit sourd, comme une mouche ou une abeille.

Les mains jointes (page 91) : les mains collées, réunies.

Tilleul (page 93) : arbre.

Soulagé (page 94) : rassurer.

Frida a des poux ?

Répliquer (page 102) : répondre vite.

Préventif (page 103) : qui empêche quelque chose de se produire.

Antiquité (page 103) : période de l'Histoire très ancienne.

Regarder en coin (page 105) : observer en cachette.

Prétexte (page 105) : raison qui cache une action.

Défilé (page 108) : marcher en file indienne.

Le grand jeu de piste

Clairière (page 114) : dans une forêt, un endroit sans arbres.

Brandir (page 118) : lever ou agiter en l'air un objet.

Serre (page 119) : construction en verre dans laquelle poussent des plantes ou des légumes.

En nage (page 121) : en sueur.

Brancard (page 121) : lit pour transporter des malades ou des blessés.

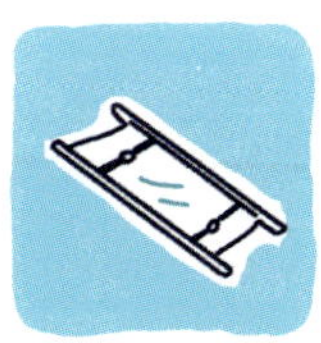

Brouhaha (page 122) : bruit confus de voix.

La fête de l'école

Se plaindre (page 129) : exprimer sa souffrance.

Assommé (page 132) : étourdi à cause d'un coup sur la tête.

Entonner (page 134) : commencer à chanter.

Improviser (page 135) : faire quelque chose qui n'était pas préparé.

Gazouiller (page 136) : pousser des petits cris aigus.

Interrompre (page 136) : couper la parole.

Hatier s'engage pour l'environnement en réduisant l'empreinte carbone de ses livres.
Celle de cet exemplaire est de :
800 g éq. CO_2
Rendez-vous sur www.hatier-durable.fr

PAPIER À BASE DE FIBRES CERTIFIÉES

Textes niveau 1 : Ingrid Chabbert
Textes niveau 2 : Anne Loyer
Textes niveau 3 : Christelle Chatel
Textes niveau 4 : Nadine Brun-Cosme
Illustrations de Marie Spénale
Conception, scénarios et coordination éditoriale : Sophie Nanteuil
Création graphique : Graphicat
Charte, relecture : Marie Harsigny, enseignante
Merci à Élisa Lentisco, orthophoniste

ISBN : 978-2-401-05172-0

Loi n°49 956 du 16 juillet 1949 sur les publications destinées à la jeunesse

Achevé d'imprimer en Espagne par Macrolibros à Valladoid
Dépôt légal 05172 0/01 - Juillet 2019